Part DE Ma Vie en POEMES

Judith Juste

Part DE Ma Vie en Poemes
Copyright © 2020 by Judith Juste

All rights reserved. No part of this publication may be reproduced, distributed, or transmitted in any form or by any means, including photocopying, recording, or other electronic or mechanical methods, without the prior written permission of the author, except in the case of brief quotations embodied in critical reviews and certain other non-commercial uses permitted by copyright law.

Tellwell Talent
www.tellwell.ca

ISBN
978-0-2288-4225-5 (Paperback)
978-0-2288-4226-2 (eBook)

Dédicace

Ce recueil de poèmes est une autobiographie. Il parle de moi, de ma vie, mes peines, mes joies, mes souffrances, mes amours. Il s'agit de moi qui, un jour au bord du suicide, ai pensé que la vie ne valait pas la peine d'être vécue, que ma vie n'en valait pas la peine. Je ne me sentais pas aimée, je me sentais comme une étrangère que ce soit dans mon propre pays ou à côté de ma propre mère. Je voudrais dire à toutes les personnes qui passent des moments difficiles ou qui se sentent abandonnées que la lumière est au bout du tunnel. Je dédie mes poèmes à toutes les femmes qui ont vécu l'humiliation, qui se sont fait maltraiter, que ce soit par leur partenaire, leur famille, ou rejeter par la société. Ne vous découragez pas. À toutes les femmes seules qui sont obligées de travailler dur tous les jours pour s'occuper de leurs enfants, abandonnées par leur partenaire. À tous les parents qui font de leur mieux pour que leurs enfants aient la meilleure vie possible et à toutes les personnes qui pensent que la vie n'a aucun sens. Je vous souhaite de trouver la paix et j'espère que ces poésies vous y aideront.

A propos de moi / Introduction

Je suis née en République d'Haïti dans un village appelé Camp-Perrin situé dans le département du sud et dont la capitale est Les Cayes. Je suis issue d'un pays et d'une famille qui n'avaient rien à m'offrir d'autre que de la misère et de la tristesse. Ma grand-mère Mila avait été donnée par mon arrière-grand-mère Idamé comme servante pour s'occuper des enfants d'une riche famille. En retour, la famille était censée la nourrir parce que sa mère n'en avait pas les moyens. Ma grand-mère avait 19 ans quand elle s'est retrouvée enceinte après avoir été violée par le fils de la famille. Jetée à la rue par la famille, elle fut obligée de retourner chez sa mère. Quand ma mère est née, son père présumé a envoyé une vieille servante pour vérifier si l'enfant était vraiment sa fille alors même qu'il savait parfaitement qu'il avait violé ma grand-mère et que l'enfant était bien de lui. Pourtant, la servante lui a confié que l'enfant était trop blanche pour être de lui. Et il l'a crue parce qu'il était noir et ma grand-mère l'était aussi. Toutefois, il avait oublié que son père avait la peau blanche et que la mère de mon arrière-grand-mère était blanche. Le mélange des générations crée souvent différentes couleurs de peau. À cause de cette histoire de couleur de peau, il avait abandonné ma mère. Ma grand-mère et mon arrière-grand-mère se sont retrouvées dans la misère la plus profonde. Malgré tout, il s'est marié avec une femme de descendance française et a eu deux autres enfants qui ne lui ressemblaient en rien. Ma mère, quant à elle, était le portrait parfait de son père. Bien qu'elle fût l'une des personnes les plus intelligentes de son l'école, cela ne l'avait aidée en rien parce qu'elle n'avait personne pour financer ses études. Un jour, ma mère m'a dit que pour se rendre à l'école, elle passait deux fois par jour devant la maison de ses grands-parents. Pas une seule fois son grand-père ne lui a demandé si elle avait faim ou besoin de quelque chose. Avant d'aller aux Cayes pour ses examens, ma mère avait été demander de l'aide à son père pour acheter des chaussures. Il lui a répondu « Gertrude, savais-tu si j'avais de l'argent économisé pour cela ». Ma mère s'est sentie humiliée. Une autre fois, quand ma mère a voulu entrer à l'école des infirmières aux Cap Haïtien, elle est allée avec sa grand-mère demander de l'aide à son père qui était juge à la cour des Cayes. Il a répondu à sa grand-mère qu'elle pouvait l'inscrire elle-même dans cette école alors même qu'il savait très bien qu'elle avait besoin de quelqu'un de haut placé pour la représenter. Sinon elle n'avait aucune chance de pouvoir rentrer dans cette école d'infirmières. Désespérée, ma mère avait été demander aux sœurs de l'école de Camp-Perrin de l'aide pour rentrer à l'école d'infirmières. Elles lui ont répondu qu'elle était trop petite pour devenir infirmière parce qu'elle ne pourrait pas voir le patient dans la salle d'opération. Si seulement son père était alors intervenu elle aurait pu entrer à l'école d'infirmières. Elle n'a pas eu d'autre choix que celui d'accepter la proposition de devenir professeure à l'école des sœurs de Camp-Perrin, celle dans laquelle elle avait fait ses études et qui n'avait pas voulu l'aider à entrer à l'école d'infirmières. Après tout ma mère n'était que la fille de la servante de la famille de son père.

Selon mon acte de naissance, mon père à moi était un paysan et ma mère une professeure. J'ai commencé à écrire dès mon plus jeune âge. Autant que je me souvienne, j'avais peut-être 9 ans. Ma mère ne s'intéressait pas à ce que j'écrivais, je pense même qu'elle ne savait pas que j'écrivais. J'ai publié mon premier recueil de poésie à l'âge de 20 ans, encouragée par ma cousine journaliste, Marie Laurette. J'avais obtenu une entrevue pour parler de mon livre avec son ami journaliste à la télévision nationale. Peu de temps après, j'ai voyagé à Montréal où j'ai recommencé à écrire sans toutefois penser à publier mes poèmes. J'ai conservé mon petit livret partout avec moi jusqu'à aujourd'hui. Depuis, 30 ans se sont écoulés.

À l'âge de 13 ans, encore toute innocente que j'étais, ma mère a autorisé son petit copain Robertson à me fouetter copieusement à l'aide d'une corde en cuir tressée de peau de chèvre séchée. Et pourquoi? Parce que j'avais reçu une lettre d'amour d'un jeune garçon du quartier Loulou. Ma mère n'avait pas de temps à me consacrer et ma sœur, quant à elle, enseignait à l'école tous les jours. En plus, elle devait s'occuper de son homme. Tous les jours, il laissait 50 gourdes Haïtiens sur la table de nuit pour que ma mère lui prépare à manger. Elle cuisinait du bouillon et ajoutait de l'eau dans le reste pour nous nourrir ma sœur et moi, pendant que son homme courait après toutes les femmes du quartier. Un homme qui n'avait rien à lui offrir. En plus de tout cela, elle devait aller vendre ses bonbons et ses sucreries sur la place du marché. J'étais constamment habitée par la pensée que je ne valais rien et que ma présence sur terre était complètement futile. J'étais convaincue que je n'avais aucune raison d'être dans ce monde. Je ne comptais pour personne et la religion Catholique et ses enseignements étaient la seule raison pour laquelle je n'ai jamais attenté à ma vie durant cette période noire. Nous fréquentions en effet l'église assidument. On nous martelait régulièrement les dix commandements, mais aussi et surtout que tous ceux qui mettent fin à leurs jours se retrouvent en enfer. J'avais donc logiquement conclu que la mort par le suicide n'était pas admise par Dieu, et que je ne voulais pas brûler en enfer. Cette peur d'être brûlée pour l'éternité était trop forte et donc, je ne pensais pas au suicide. À l'âge de 24 ans, alors que j'étais dans une relation abusive avec le père de mes enfants, un jour je suis passée sur un pont d'autoroute en regardant d'en haut les voitures passant à très grande vitesse. Là encore j'ai pensé me suicider en me disant que me faire écraser en petit morceaux par toutes ces voitures serait pour moi la fin de toutes mes misères. Mais une fois de plus la vision de l'enfer était venue à ma rescousse. Je ne voulais pas être brûlée pour l'éternité alors je suis restée en vie.

À un moment donné, je ne trouvais plus la force de continuer à vivre, je ne pouvais plus compter sur personne. J'ai cru que la seule personne qui me voulais du bien et qui m'aimait vraiment était le père de mes enfants. En tout cas, c'est ce qu'il essayait de me faire comprendre en me disant que personne ne m'aimait et qu'il était la seule personne qui pensait à moi et qui voulait de moi. Alors qu'en fait, il m'abusait, me manipulait, tirait avantage de moi et avait tout fait pour m'éloigner de tout le monde pour faire de moi ce qu'il voulait. Il racontait à ma mère, ma sœur, mon beau-frère et mes amis que j'étais folle, qu'il me traitait comme une princesse et que je ne savais pas apprécier tout ce qu'il faisait pour moi. En réalité, il me traitait de façon horrible. Il avait fait croire à tout le monde que j'étais la pire des personnes au monde et qu'il était la seule personne qui faisait mon honneur. La famille que j'avais à Montréal et mes amis avaient peur de lui et ne voulaient pas m'aider. Ma propre famille était de son côté et me traitait comme une moins que rien. Je ne savais plus quoi faire, comment m'enfuir, ni aller chercher de l'aide. Je me sentais très seule, abandonnée de tous.

Quand j'ai quitté mon pays natal Haïti, pour aller à Montréal le 15 Avril 1990, je ne savais pas que j'allais apprendre à survivre. La personne qui était venue me chercher à l'aéroport m'avait kidnappée et fait de moi sa concubine. Il envisageait également de me forcer à danser nue pour se faire de l'argent. Grâce à l'aide d'une femme, qui était arrivée peu de temps avant moi à Montréal, j'ai pu retrouver ma famille et échapper à mon oppresseur. Pendant que je logeais chez ma cousine, j'ai fait une demande pour obtenir le statut de réfugié. Lors de mon audition à la Cour, l'un des juges, un peu joufflu avec des cheveux noirs et une moustache, m'a regardée d'un air supérieur avec dédain. Il m'a dit que je ne ressemblais pas à une réfugiée et que ma demande était refusée. Je ne savais pas à quoi un réfugié était censé ressembler. Quand c'est arrivé, j'avais déjà rencontré Claude. C'était le concierge de l'immeuble dans lequel je louais un petit appartement avec l'argent que je recevais du gouvernement. Claude m'avait accompagnée à l'audition. Quand je suis sortie, il m'a regardée et a compris que ma demande avait été refusée. Il m'a dit que ce n'était pas grave, qu'on allait se marier et qu'ainsi, je pourrai devenir Canadienne. Ce fut le cas mais à quel prix. La vie avec Claude n'était pas rose. Il vivait du bien-être social et disposait de 610 dollars. Parce que nous nous sommes mariés, le montant a été réduit à 310 dollars. J'étais obligée de lui rembourser 310 dollars tous les mois. En plus il avait le Sida mais n'avait pas pris la peine de me le faire savoir. Pourtant son médecin l'avait obligé à me le dire. Quand son père l'a appris, il pensait que j'étais la personne qui lui avais transmis la maladie. Après sa mort, le gouvernement m'a recherchée pour payer ses funérailles. Je ne savais pas que je vivrai pour raconter mon histoire.

Chapitre 1

Montréal, le 29 Mai 1990

La tristesse et la misère

La tristesse et la misère de cette vie terrestre me tourmentent, pourquoi me hantez-vous?
La tristesse et la misère de cette vie de merde m'envahissent de jours en jours
Tristesse, te souviendras-tu de moi dans ta sale vie de merde
Misère, Dieu de nos ancêtres, tu m'abandonnes à mes déboires
Tristesse de ma vie, tout peut m'arriver en un clin d'œil, surtout ne te déranges pas
Misère, toi qui promets que tout finira par s'arranger un jour, ce jour-là viendra-t-il bientôt?
Misère, Dieu me met tout simplement à l'épreuve, je ne peux pas perdre espoir
Tristesse, mon Dieu toi seul sais pourquoi tu me donnes ce lourd fardeau à porter
Misère, dis-moi si je dois supporter ce grand fardeau avec espoir et courage
Misère, dis-moi qu'un jour tout cela ne sera que du passé, vraiment ce sera un passé lointain
Tristesse, promets-moi qu'un sourire réapparaîtra sur mes lèvres comme par enchantement
Misère, mon Dieu ne me laisse pas tomber je t'en supplie, j'ai besoin de toi dans ma vie
Tristesse, penses-tu que Dieu finira par entendre mes prières et mon angoisse?
Tristesse, pourquoi me haïs-tu ainsi, pourquoi nous détester les uns les autres?
Mon Dieu, n'est-ce pas tes commandements: « aimez-vous les uns les autres comme je vous ai aimés ». Dans mon cœur, il n'y aura de place que pour l'amour.

Je suis triste

Je suis triste, j'ai des problèmes qui ne sont que des épreuves
Je suis triste, pourtant je ne désespère pas car je sais que Dieu est là
Je suis triste, mais je sais que Dieu est omniprésent, il me soutiendra dans mes démarches
Je suis triste, mais Dieu ne me laissera jamais tomber, il me tient ferme, voilà mon courage
Je suis triste, mais je sais que Dieu est amour et sagesse, il est tout pour moi
Je suis triste, mais je sais que Dieu occupe la première place dans ma vie
Mon cœur est rempli de tristesse maintenant, qu'est-ce que je dois faire?
Parfois la tristesse me pèse, le poids de cette existence me tourmente, la vie me tue
Le fardeau de cette existence me hante tous les jours de ma vie, je suis triste
Ma solitude devient de plus en plus ma préoccupation première, mais je ne désespère pas.

Mon adolescence, ma vie

Mon adolescence est passée dans un nuage de poussière, ma vie devient triste
Ma vie devient de plus en plus triste, mon existence devient de plus en plus pénible
Ma vie devient de plus en plus solitaire, personne ne m'aime et pourtant j'aimerais bien
J'aimerais être aimée et aimer à mon tour, j'essaie de me faire des amis
J'aimerais trouver l'amour, malheureusement personne ne m'aime et c'est dommage
Vraiment dommage, quand j'y pense, ma vie n'a aucun sens, déception sur déception
Seigneur Dieu, tu estimes que je ne vaux pas la peine d'être aimée
Je dois affronter la réalité, je me demande est-ce que c'est vraiment ma vie, si solitaire
Pourquoi je me sens toujours seule? Je croyais qu'on m'aimait, mais j'étais en train de rêver
Je me suis trompée, je n'arrête pas de me demander pourquoi j'ai cette vie de merde
Pourquoi je suis si différente, pourquoi je ne peux pas vivre en harmonie avec moi-même?
Pourquoi les choses sont si différentes, quand est-ce que ma vie aura un sens?
J'essaie d'être moi-même, de ne faire confiance qu'a moi-même, de ne vivre que pour moi-même.

Pour ton anniversaire

Pour ton anniversaire, le 6 Janvier 1990, je te souhaite un bon anniversaire
Pour ton anniversaire, je te souhaite beaucoup de bonheur et de richesse
Pour ton anniversaire, j'espère que la vie te sourit enfin et que tu penses à moi
Pour ton anniversaire, j'espère que ta vie aura un sens et que tu penseras aux lendemains
Pour ton anniversaire, j'espère que tu te réjouis de ta nouvelle solitude
Pour ton anniversaire, j'espère que ta vie est heureuse sans moi, et pour toujours
Pour ton anniversaire, j'espère que Dieu parle dans ton cœur. Sincèrement.

Chapitre 2

Seigneur mon Dieu

Seigneur mon Dieu, pardonne-moi mes iniquités, fais que je te serve avec foi et sagesse
Seigneur mon Dieu d'amour, de miséricorde, fais que ma vie change, redonne-moi confiance
Seigneur mon Dieu, donne-moi le courage d'affronter la réalité de cette vie
Seigneur mon Dieu, fais que je sois plus forte que jamais pour ce qui vient de mon chemin
Seigneur mon Dieu, donne-moi la force de changer ce que je peux, d'accepter mon destin
Seigneur mon Dieu, fais que ma vie si loin de mon pays prenne un autre sens
Seigneur mon Dieu, donne-moi la force de confronter mes problèmes et mon avenir
Seigneur mon Dieu, parfois j'ai envie de retourner dans mon pays pour toujours
Seigneur mon Dieu, parfois je pense que tout cela n'est qu'un mauvais rêve.

Parfois je pense

Parfois je pense que si j'étais chez moi, si j'étais dans mon pays, les choses seraient différentes

Parfois je pense que si j'étais chez moi, beaucoup des choses ne me seraient pas arrivées

Parfois je pense que si j'étais chez moi, l'humiliation que j'ai vécue ne serait pas arrivée

Parfois je pense que si j'étais chez moi, tout ce que j'ai affronté ne serait pas arrivé

Parfois je pense que si j'étais chez moi, les sangsues ne se mêleraient pas de mes affaires

Parfois je pense que j'ai envie de retourner dans mon pays, j'envisage la possibilité

Parfois je pense que je suis obligée de rester ici car dans mon pays ce n'est pas mieux

Parfois je pense que ma vie est triste et n'a aucun sens ici-bas, je fais face à trop de problèmes

Parfois je pense que je n'ai jamais eu à confronter ces problèmes auparavant dans ma vie

Problèmes auxquels je n'étais pas habituée, moi qui ne comprenais rien à rien

Moi qui étais si insouciante, je suis devenue inquiète, seule dans cette nouvelle vie

Parfois je réfléchis, je dois reprendre courage et espoir, un jour tout finira bien par s'arranger

Dieu de mes ancêtres que je me sens triste loin de mon pays, ma famille, mes amis, de tous ce que je connaissais, loin de ma patrie qui m'a vue naitre.

Mon Dieu

Mon Dieu, regarde-moi, je me sentais tellement bien dans mon pays, que vais-je devenir ici
Mon Dieu, où est passée ma vie, que pourrais-je faire pour la récupérer
Mon Dieu, je pleure sur mon sort sans pouvoir trouver une solution à mon désespoir
Mon Dieu, que j'ai envie de retourner dans mon pays, ma patrie chérie, là-bas je me sentais bien Mon Dieu, ma vie avait encore un sens, qu'est-ce que je fais ici, je ne suis même pas légale
Mon Dieu, je pleure, je me sens abandonnée, je n'ai pas d'amis, pas de famille, ici je ne suis rien
Mon Dieu, aide-moi, parle-moi, dis-moi -ce que je dois faire, je t'implore, aie pitié de moi
Mon Dieu, ma vie est si triste dans ce nouveau pays, ma vie sentimentale n'a plus aucun sens
Mon Dieu, je ne sais pas ce que cela veut dire d'être aimée par quelqu'un, je n'ai jamais appris
Mon Dieu, je ne sais pas ce que cela veut dire de compter ni d'être important pour quelqu'un
Mon Dieu, je pensais que j'étais aimée par ma famille, mes amis et tout le monde autour de moi
Mon Dieu, je pensais que j'aimais et qu'on ne m'a jamais aimée, ma vie n'avait aucun sens
Mon Dieu, je pensais l'aimer et qu'il m'aimait aussi, mais je me suis grandement trompée
Mon Dieu, j'ai commis la plus grande erreur de ma vie, d'être naïve de penser que toi tu m'aimais
Mon Dieu, je ne suis pas prête à affronter la réalité, je n'ai pas honte de dire que je l'aimais
Mon Dieu, que je l'aime encore, finalement tout me manque, ma vie, ma famille, mes amis
Mon Dieu, qu'est ce que l'avenir me réserve, moi qui n'ai jamais été heureuse
Mon Dieu, la tristesse me hante, pourquoi me tourmentes-tu comme cela
Mon Dieu, pourquoi le bonheur me fuit, je n'ai pas un cœur qui mérite d'être aimé
Mon Dieu pourquoi on ne m'aime pas. Seigneur Dieu je remets ma vie dans tes mains
Mon Dieu fait ce que bon te semble, je suis ton enfant après tout, mais s'il te plait ne m'abandonne pas

Solitude

Ma solitude me pèse, mon angoisse me tracasse, ma tristesse s'ajoute à mes déboires

Ma solitude me rend malade, si malade que j'ai envie de mourir, de quitter ce monde

Ma solitude, mon fardeau éternel, j'ai envie de quitter ce monde maudit sans espoir

Ma solitude depuis mon plus jeune âge, mon Dieu pourquoi ne veux-tu pas exaucer mon vœu

Ma solitude me fait penser à un enfant qui cherche le sein de sa mère et ne le trouve pas

Ma solitude, mon Dieu je suis trop jeune pour affronter la vraie vie et combattre cette existence

Ma solitude, étant enfant ma vie me pesait déjà, je me sentais déjà très seule, ma vie n'est que témoin de solitude et misère

Mon Dieu, pourquoi m'as-tu faite ainsi, pour que je sois toujours seule

Seigneur, si tu voulais que je sois toujours solitaire, pourquoi ne me montres-tu pas le chemin à suivre?

Chapitre 3

Le 30 Mai 1990

Mon existence

Mon existence, encore un autre moi qui s'en va tristement et un autre fait surface

Mon existence et ma vie n'ont aucun sens. Je suis triste tous les jours à cause de ma putain vie

Mon existence et ma solitude me pèsent, que dois-je faire? Ma vie sentimentale est un fiasco

Seigneur Dieu de mes ancêtres, m'accepteras-tu dans ton Royaume, je respecterai ta volonté

Seigneur Dieu de mes ancêtres me rejetteras-tu? Je suivrai ton chemin pourvu que tu me l'indiques

Seigneur Dieu de mes ancêtres, s'il te plait rends-moi le goût de vivre dans cette vie égoïste

Seigneur Dieu de mes ancêtres, cette vie de chienne me hante de jours en jours, ne me laisse pas tomber

Seigneur Dieu de mes ancêtres, délivre-moi de mes impudicités, sauve mon âme de tous mes péchés et fais que j'aille mieux, que ma vie ait un sens.

Mon Dieu pourquoi?

Mon Dieu pourquoi mon existence, je ne peux pas vivre en paix, pourquoi je ne suis pas aimée
Mon Dieu, mon sauveur, pourquoi l'amour ne vient pas comme je l'aurais souhaité
Mon Dieu, mon maitre, pourquoi j'aime et je me sens repoussée en retour, pourquoi?
Mon Dieu, pourtant j'aimerais tellement que quelqu'un m'aime, plus que je ne l'aime
Qu'il pense à moi, qu'il me donne toute son affection, j'aimerais vivre une vie amoureuse
Mon Dieu, fais que l'homme que j'aime pense à moi de la même façon que je pense à lui
Mon Dieu, fais que je sois le centre de ses pensées, qu'il m'aime et qu'il ne me trahisse pas
Mon Dieu, pourquoi ne pourrais-je pas être aimée comme tout le monde, pourquoi?
Mon Dieu, pourquoi ma vie est-elle si bête, parfois je n'ai plus envie de faire partie de ce monde
Je suis obligée de vivre une vie de misère, une vie qui n'est pas la mienne.

Le 31 Mai 1990

Mes petites plantes

Mes petites plantes, que je suis triste pour vous, vous qui souriez, qui fleurissez toute l'année
Mes petites plantes, vous qui compatissez à ma douleur, vous qui au moins me comprenez
Mes petites plantes, ma vie traquée me fait pitié, ma vie bafouée me fait penser à ma solitude
Mes petites plantes d'amour, votre beauté m'éblouit à chaque fois que je vous vois
Mes petites plantes chéries, vous ne demandez pas beaucoup, seulement que l'on s'occupe de vous
Mes petites plantes d'amour, pourquoi je me sens tourmenter de vous voir partir?
Mes petites plantes de ma vie, pourquoi je me sens si triste de vous voir vous faner et vous dessécher?
Mes petites plantes d'amour, pourquoi me laissez-vous, pourquoi la vie est si cruelle?
Mes petites plantes d'amour, même quand vous ne m'aimerez plus, je ne pourrai jamais vous oublier
Mes petites plantes d'amour, même si vous me quittez, je vous aimerai toujours
Mes petites plantes chéries, revenez vers moi, je suis prête à vous aimer comme toujours, revenez à moi
Mes petites plantes d'amour, mes bras sont grands ouverts pour vous recevoir, s'il vous plait revenez
Mes petites plantes d'amour, j'espère que Dieu parle dans votre cœur et que vous voyez la réalité
Que le soleil brille sur vous et que votre visage s'illumine, réveillez-vous une dernière fois pour moi.

Triste vie

Ma vie n'est que tristesse, mon existence de chienne solitaire me tiraille les entrailles

Triste vie, sans un regard tu t'en vas, sans un regard tu me quittes, sans aucune raison tu t'enfuis

Triste vie, tu t'en vas, moi, je suis là, je te regarde t'en aller, sans rien pouvoir faire

Triste vie, qu'est-ce que j'ai fait pour que tu ne m'aimes plus, que deviendrais-je sans toi

Triste vie, sans ta chaleur humaine, sans ton regard doux comme le miel, tu me quittes

Triste vie, ton regard posé sur moi fait fondre mon cœur en miette, tu brises tes promesses

Triste vie, que fais-tu de nos souvenirs, est-ce que ce n'était que des rêves

Est-ce que c'est cela la vie que je mérite, l'amour que tu m'avais promis comme c'est triste.

Pourtant

Pourtant, je t'aimais, je pensais que tu m'aimais, qu'as-tu fait de nos souvenirs
Pourtant, je t'aimais, qu'as-tu fait de tes promesses, qu'adviendra-t-il de notre amour
Pourtant, je pensais qu'on était heureux ensemble, ce ne sont que des souvenirs lointains
Pourtant, ma vie sentimentale n'avait aucun sens avant toi, je ne savais pas vivre
Pourtant, avant toi, je ne savais pas ce que c'était le vrai amour, j'ai toujours cru qu'on m'aimait Pourtant, j'aimerais que tu m'aimes, je pensais qu'avec toi c'était différent, je suis sûre que je t'aime et je pensais que tu m'aimais aussi, mais tu t'en vas, tu me laisses avec mes peines, ma solitude et mes tribulations.

Chapitre 4

Pourquoi ne veux-tu pas m'aimer?

Pourquoi ne veux-tu pas m'aimer et me faire vivre les choses que je n'ai jamais connues, pourquoi?

Pourquoi me tourmentes-tu? Pourtant je t'aimais et je t'aime encore, sans toi je me sens seule

Pourquoi sans toi je sens que ma vie n'a aucun sens, sans toi je suis morte, tout est mort

Pourquoi ne veux-tu plus de moi? Tu m'as mise en confiance et maintenant tu me rejettes

Pourquoi m'as-tu fait sentir que tu m'aimais pour me traiter ensuite de cette façon inhumaine, pourquoi?

Je me demande pourquoi j'ai été si naïve de croire que tu m'aimais, ma vie est vide sans toi

J'espère qu'un jour tu comprendras, j'espère qu'un jour tu vivras ce que j'ai vécu et qu'ainsi tu sauras ce qu'est st la souffrance que tu m'as fait endurer.

Tu me laisses

Tu me laisses sans un regard, sans un sourire, sans un remord, tout à coup il n'y a plus de place pour moi dans ta nouvelle vie
Tu me laisses sans un mot de regret, seulement un regard de dédain que tu éprouves pour moi
Tu me laisses sans te soucier de mon avenir, je pensais que tu m'aimais encore pourtant
Tu me laisses sans un mot de pitié, tu n'as plus d'intérêt pour moi dans ta nouvelle vie, que c'est triste, vraiment triste
Tu me laisses aujourd'hui, ta vie est trop remplie, tu n'as plus de place pour moi dans ton cœur
Tu me laisses, je me sens coupable de t'avoir trompé si bêtement sans aucune raison
Tu me laisses sans un regard, ta vie solitaire ne veut plus de moi, je t'ai aimé pourtant
Tu me laisses sans savoir que malgré tout je t'aime encore, je te veux dans ma vie
Tu me laisses, qu'advient-il de nos beaux souvenirs ensemble, ils font déjà partie du passé
Tu me laisses sans penser au lendemain, sans penser que toi aussi tu es humain
Tu me laisses sans penser que tu peux aussi faire des erreurs que je comprendrais
Tu me laisses sans un regard, sans un sourire, comme ça il faut que tu me quittes
Tu me laisses, je suppose que tu te sens bien et que tu ne veux plus construire ta vie avec moi
Tu me laisses, tu ne peux pas me pardonner, juste une fois dans ta vie, que tu n'as pas de cœur
Tu me laisses, qu'as-tu fait des mots « je t'aime à l'infini » que tu murmurais dans mes oreilles tous les jours de notre vie ensemble, que tu es insouciant
Tu me laisses, qu'as-tu fait de notre amour, qu'as-tu fait de nos souvenirs?
J'espère que ta vie sera chaleureuse sans moi et pleine d'amour.

Sans un regard

Sans un regard, tu t'en vas, sans réfléchir, tu me quittes, sans avoir pensé à notre amour
Sans un regard, tu me quittes, je pensais que tu m'aimais, je croyais que notre amour était éternel
Sans un regard, tu me fuis, je ne saurai jamais pourquoi, qu'est-ce que je t'ai fait pour mériter ça
Sans un regard, notre vie s'en va, tu es si cruel. Pourquoi me délaisses-tu ainsi? Pourquoi?
Sans un regard, tu me laisses pour une autre, est-ce qu'elle est mieux que moi?
Sans un regard, tu ne m'aimes plus, je ne peux pas le croire, sans un mot tu disparais de ma vie à jamais
Sans un regard, tout ce que nous représentions n'existe plus, pourtant je pensais qu'on s'aimait et qu'on se comprenait
Sans un regard, tu me laisses aujourd'hui, qu'est-ce que l'amour représente pour toi? Rien de rien
Sans un regard, sans un sourire, tu t'en fous, qu'est-ce qu'une vie à deux représente pour toi?
Je pensais qu'on essayait de se connaitre, de s'aimer sans réserve. Qu'est-ce que c'est pour toi? Un jeu? Tout cela se termine aussi vite que ça a commencé, que c'est triste.

Avec toi

Avec toi, j'envisageais de faire ma vie, de t'aimer jusqu'à la fin de mes jours
Pourquoi ne veux-tu pas me comprendre et m'aimer comme je suis, je t'aime pourtant
Pourtant je pense à toi, moi qui t'aimais sans réserve, pourtant je t'aimais en m'oubliant
Pourquoi ne veux-tu plus m'aimer, c'est dommage. Pourtant sincèrement je t'aimais.

Demain

Demain si Dieu le veut, ce sera ton anniversaire, je n'ai rien à t'offrir, seulement mes peines Demain si Dieu le veut, ce sera ton anniversaire et ma vie est remplie de plaintes et de craintes
Demain si Dieu le veut, ce sera ton anniversaire, ta vie prendra un autre tournant, tu vieillis
Demain si Dieu le veut, ce sera ton anniversaire, un nouvel âge fait son apparition, ta vie change
Demain si Dieu le veut, ce sera ton anniversaire, de nouveaux soucis feront leur apparition
Demain si Dieu le veut, ce sera ton anniversaire, ta vie est entre tes mains, c'est toi qui décides
Demain si Dieu le veut, ce sera ton anniversaire, c'est à toi de prendre la bonne décision
Demain si Dieu le veut, ce sera ton anniversaire, ta vie est entre tes mains, prends bien soin d'elle Demain si Dieu le veut, ce sera ton anniversaire, personne ne t'aime plus que toi-même.

Chapitre 5

Mon Pays

Mon pays est foutu, mon pays n'a plus d'avenir pour les jeunes
Mon pays n'a plus d'espoir pour moi, que de la misère et de la tristesse
Mon pays n'a rien à offrir aux futures générations, la vie est cruelle
Mon pays est foutu, Dieu de miséricorde, dis quelque chose, fais quelque chose
Mon pays est maudit jusqu'à la moelle, pourquoi nous n'avons aucun unisson
Mon pays est dévasté par l'argent et la gourmandise d'un peuple sans éducation
Mon Dieu s'il te plait, dis quelque chose en faveur de cette terre maudite.

Dieu de mes ancêtres

Dieu de mes ancêtres, pourquoi nous délaisses-tu ainsi? Pourquoi nous abandonnes-tu?

Dieu de mes ancêtres, quelle faute, quel crime, quel mal avons-nous commis pour mériter ça

Dieu de miséricorde, accorde-nous encore une chance, une dernière chance s'il te plait

Dieu de mes ancêtres, mon pays a besoin de toi, aie pitié de mon peuple, je te demande pardon

Mon pays, j'ai envie de te revoir, la nostalgie me hante de jour en jour dans ce nouveau pays

Dieu de mes ancêtres, dis-moi quand nos tribulations cesseront pour un jour nouveau

Dieu de mes ancêtres, dis-moi quand pourrons-nous être fiers encore une fois

Dieu de mes ancêtres, dis-moi quand pourrons-nous espérer quelque chose de toi

Dieu de mes ancêtres, quand offriras-tu la stabilité à tes enfants dans ce pays? Quand?

Le 3 Juin 1990

Aujourd'hui

Aujourd'hui, je vais au Forum, j'espère que Dieu apportera une réponse à ma putain vie
Aujourd'hui, c'est un nouveau jour, je reprends courage et espoir, je te fais confiance
Aujourd'hui, je te dis merci pour tout, je te prie de dire quelque chose, faire quelque chose
Aujourd'hui, mon cœur est rempli de bonheur, pourtant je me sens vide et triste
Aujourd'hui, l'angoisse m'envahit, je ne sais pas ce que je dois faire, ne me laisse pas tomber
Aujourd'hui, j'aimerais avoir le bonheur dans mon cœur pour toujours et ne penser a rien
Aujourd'hui, ma vie a encore du sens et pourtant je me sens si triste
Aujourd'hui, je me demande pourquoi je ne peux pas avoir une vie normale
Aujourd'hui encore, je me demande ce que j'ai fait de mal pour mériter une vie pareille
Aujourd'hui enfin, je me suis dit que je m'aime et rien au monde ne le changera.

Le 21 Juin 1990

Des fois

Des fois je me demande, qu'est-ce que je fais de ma vie, pourquoi j'existe, pourquoi je souffre?
Des fois je me demande, pourquoi je ne peux pas être heureuse, qu'est-ce que j'ai fait de mal?
Des fois je me demande, qu'est-ce que j'ai fait au bon Dieu pour mériter cette vie de merde?
Des fois je me demande, pourquoi la vie me tourmente-t-elle ainsi?
Des fois je me demande, pourquoi Dieu ne me prends-tu pas, ne veux-tu pas de moi?
Des fois je me demande, pourquoi je ne peux pas enfin vivre une vie sans histoire?
Des fois je me demande, pourquoi je vis une vie de cauchemars sans fin?
Des fois je me demande, pourquoi ma vie est-elle si triste et parait sans lendemain?
Des fois je me demande, pourquoi mes ancêtres ne m'aident pas, pourquoi ils me laissent tomber?
Parfois je me demande, putain de vie, que vais-je faire de toi?

Sale vie de merde

Sale vie de merde, quand est-ce que tu me ficheras enfin la paix, quand?
Sale vie de merde, quand est-ce que tu vas me lâcher les pieds, quand?
Sale vie de merde, quand est-ce que ton rythme s'arrêtera, putain vie de merde?
Sale vie de merde, quand est-ce tu vas me foutre la paix?
Sale vie de merde, va-t'en, laisse-moi tranquille, laisse-moi tranquille enfin
Sale vie de merde, je veux que tu te pousses un peu dans mon chemin
Sale vie de merde, je veux que tu me donnes enfin une chance de vivre
Sale vie de merde, je veux une dernière chance, c'est tout ce que je te demande.

Chapitre 6

Ma vie

Ma vie, qu'ai-je fait de toi?
Ma vie, que m'offres-tu?
Ma vie, quel mal t'ai-je fait?
Ma vie, quel crime ai-je commis?
Ma vie, que puis-je faire, si tu ne me donnes pas une chance?
Ma vie, mon Dieu pourquoi ne pourrais-je pas vivre une vie simple?
Ma vie, pourquoi est-ce que tu ne peux pas être si facile, juste normale?
Ma vie, pourquoi la course au dollar est plus importante que l'humanité?
Ma vie, oh l'argent, toujours l'argent, que deviens-tu? Tu diriges le monde
Ma vie, pourquoi ne cesserais-tu pas de nous tourmenter enfin?

Le 22 Juin 1990

Vie nostalgique

Vie nostalgique, vie de merde, que veux-tu de moi?
Vie nostalgique, vie de misère que fais-tu de moi?
Vie nostalgique, vie de tristesse, vie de joie, vie de bluff
Vie nostalgique, vie de merde, que me réserves-tu?

Quelle vie

Quelle vie de merde! La vie ne vaut pas la peine d'être vécue
Pourquoi cette vie de tristesse, de tribulations et de solitude?
Pourquoi l'existence, pourquoi la vie est-elle si difficile? Je me demande pourquoi
Pourquoi cette vie de merde, pourquoi cette vie misérable me tourmente-t-elle ainsi?
Pourquoi faut-il toujours lutter, courir après une vie qui ne veut pas de moi?
Pourquoi se battre pour une vie qui ne vaut pas la peine d'être vécue?
Pourquoi cette existence de chien traqué me fait-elle ainsi chier?
Pourquoi je me sens prise dans une cage sans pouvoir m'envoler?
Pourquoi cette existence de pourriture? Pourquoi?

Cruelle vie

Cruelle vie, triste, horrible, difficile, vie de désespoir et de cauchemars
Cruelle vie, surtout loin de mon pays, ma famille, mes amis, les visages familiers
Cruelle vie, je te déteste, pourquoi m'éloignes-tu de tout ce que j'aime?
Cruelle vie, que fais-tu de moi ici dans un pays étranger, loin de tout?
Cruelle vie, que deviendrais-je avec toi? Pour me rappeler que je n'existe pas
Cruelle vie, que fais-tu de moi enfin, me laisseras-tu tomber?
Cruelle vie, je ne croyais pas que tu me laisserais tomber ainsi
Cruelle vie, parle-moi, dis-moi, montre-moi le chemin que je dois prendre
Cruelle vie, écoute-moi, fais-moi sortir de l'impasse dans laquelle je suis maintenant
Cruelle vie, regarde-moi, vois-tu mes larmes, je souffre énormément.

Chapitre 7

Le 23 Juin 1990

Aide-moi

Aide-moi seigneur Dieu de mon enfance, aide-moi
Aide-moi, tu es mon sauveur, mon maitre, mon père, alors aide-moi
Aide-moi, ne me laisse pas tomber, je veux que ta volonté soit faite, aide-moi
Aide-moi, soutiens-moi, écoute-moi, parle-moi, souviens-toi de moi, aide-moi
Aide-moi, je suis prête à te suivre partout où tu veux que j'aille
Aide-moi, ne me laisse pas dans l'erreur toute ma vie
Aide-moi mon Dieu dans le chemin du succès que je poursuis
Aide-moi Seigneur Dieu, tu es le maitre de l'univers, tu peux faire ce que tu veux
Alors ne me laisse pas tomber, je t'en supplie, aide-moi.

Le 24 Juin 1990

Que tu es cruelle

Vie, que tu es cruelle! Que tu es triste!
Pourquoi cette vie? Cela n'a aucun sens
Pourquoi vivre, pourquoi souffrir?
Pourquoi cette vie de merde me tourmente-t-elle ainsi?
Mon existence est tellement triste, ma vie n'est que tristesse
Mon existence de chien s'en va tristement, ma vie de misère me hante
Dieu de mes ancêtres, Dieu de mon existence, pourquoi cette vie?
Pourquoi faut-il souffrir, mourir? Vie, pourquoi es-tu si cruelle?
Pourquoi cette vie, pourquoi faut-il souffrir? Pourquoi naitre si c'est pour être triste?
Pourquoi cette existence s'il faut toujours endurer le pire?
Pourquoi cette putain vie, pourquoi, pourquoi?

Il me semble

Il me semble que cette vie n'est pas faite pour moi, elle ne m'apporte que du désespoir

Il me semble n'être née que pour souffrir, une souffrance éternelle

Je suis née dans un pays entouré de souffrance et de misère

Moi qui aurais aimé une vie si simple, sans cérémonie, sans me soucier du lendemain

Je me trouve confrontée à toutes sortes de problèmes, ma vie est de plus en plus solitaire

Mon existence est triste, parfois je pense que Dieu ne m'aime plus, qu'il m'a abandonnée

Dieu, si vraiment tu existes, si vraiment tu m'aimes et que je suis ton enfant, écoute ma prière

Écoute-moi, parle-moi, dis-moi ce que je dois faire, conseille-moi, aide-moi à sortir de cette impasse.

Rejet

Cette vie ne veut pas de moi, elle me maltraite comme une chienne, elle me tue
Mon existence est comme un rat pris au piège, elle me tourmente de jours en jours
Mon existence me fait des grimaces comme un clown, ma vie ne vaut pas la peine d'être vécue
Cette vie ne veut pas de moi, elle me prend mon honneur, ma famille, ma gaieté, mon bonheur, mes loisirs, mes études, mes amis, enfin elle me prend tout et me laisse sans rien
Elle me laisse toute seule avec ma solitude, ma vie est triste, Dieu miséricorde aide-moi
Aide-moi à sortir de ce pétrin dans lequel je me suis retrouvée, aide-moi je t'en supplie
Ma vie est dans tes mains, il ne reste que toi qui pourrais encore faire quelque chose
Pardonne-moi mes iniquités, pardonne-moi pour tout, j'aimerais te servir jusqu'à la fin de ma vie
Tu es mon créateur, mon Dieu, tu représentes tout, je n'appartiens qu'à toi
Aide-moi, s'il te plait ne me laisse pas tomber comme une feuille de papier
Aide-moi à retrouver mon chemin
Aide-moi à savoir qui je suis vraiment
Aide-moi, ne me laisse surtout pas tomber
Aide-moi à comprendre, tu connais ma situation et j'ai confiance en toi.

Chapitre 8

Le 25 Juin 1990

Seigneur Dieu

Seigneur Dieu de mes ancêtres, écoute mes plaintes, mes gémissements et mes déboires
Seigneur Dieu de mes ancêtres, que ta grâce et ta bonté m'aident à retrouver le droit chemin, ne m'oublie pas dans ton royaume
Seigneur Dieu, accompagne-moi s'il te plait dans mes démarches pour la réussite
Seigneur Dieu de mes ancêtres, parle-moi, dis-moi ce que je dois faire, ne m'abandonne pas, tu seras toujours là pour me protéger, me diriger vers le vrai chemin de la vie.

Le 28 Juin 1990 à 3h40 du matin

Dormir

J'essaie en vain de dormir mais je ne peux pas, je me sens un peu drôle, la boule dans ma gorge est restée mon compagnon dévoué, je sens qu'elle essaie de m'étouffer, j'ai déjà pris deux cachets et je n'arrive pas à m'endormir. Mon Dieu quel est donc ce mal qui me tourmente ainsi, dis quelque chose.

Le jour de ma mort

Le jour de ma mort ne pleurez pas sur ma tombe
Le jour de ma mort au contraire, riez, chantez, dansez
Quand je serai morte, ne vous lamentez pas, ayez de la joie
Quand je serai morte, n'ayez aucune peine, ni regret
Quand je serai morte, pensez à moi en souvenir
Quand je serai morte, je vous protégerai de là-haut
Quand je serai morte, je demanderai à Dieu de vous pardonner
Quand je serai morte, souriez et penser au bonheur que je vous ai apporté dans votre vie
Quand je serai morte, apportez-moi des roses rouges en souvenir de ma vie
Le jour de ma mort, je serai contente dans ma dernière demeure
Le jour de ma mort, je serai heureuse, je ne regretterai rien.

Est-ce que

Est-ce que parfois tu penses à cette vie et tu pleures?
Est-ce que parfois quand tu penses à cette vie, tu te sens tout à coup vieux ou vieille?
Est-ce que parfois tu penses à la vie que tu as et qu'elle pourrait être meilleure?
Est-ce que parfois tu te demandes pourquoi la vie, pourquoi tu existes?
Est-ce que parfois tu te demandes pourquoi tu vis dans ce monde hypocrite?
Est-ce que parfois tu ne te demandes pas quel est le sens de ma vie?
Est-ce que parfois tu ne te demandes pas pourquoi vivre cette vie?

Où est passé l'amour?

Où est passé l'amour que tu m'avais promis?
Où est-il passé, que fais-tu de moi?
Où sont passées tes belles promesses?
Où est passée la vie tranquille que tu m'avais promis?
Tu n'es qu'un animal, mais au moins les animaux sont reconnaissants
Toi au contraire, tu ne l'es pas, tu es cruel
Qu'est-ce que tu es, une brute?
Tu ne seras jamais un vrai homme
Tu n'auras jamais une vraie vie
Un jour, il faudra que tu t'arrêtes
Un jour, il faudra que tu te dises
Qu'est-ce que j'ai fait de ma vie?
Pourquoi j'existe? Pourquoi j'ai existé?
Pourquoi la vie ne veut-elle pas de moi? Tu réfléchiras et tu penseras
Qu'est-ce que je dois faire pour avoir une vraie vie et des bons souvenirs?
Des souvenirs suffisamment touchants et beaux pour que tu te dises avec un soupir que ta vie est remplie et que tu as connu le bonheur.

Chapitre 9

Le 1ᵉʳ Juillet 1990

Souffrance

Pourquoi toutes ces souffrances dans cette vie de merde? Pourquoi?
Pourquoi peut-on avoir une chance de vivre vraiment?
Peut-on l'avoir réellement?
La vie est dure, triste, solitaire, sans pitié
La vie est troublante, pesante, exaspérante
Elle est drôle, insupportable, compliquée
Pourquoi cette vie ne peut-elle pas être juste simple?
Pourquoi Dieu ne dis-tu pas quelque chose?
Pourquoi ne t'en mêles-tu pas?
Pourquoi nous laisses-tu tomber?
Nous avons encore confiance en toi. Aide-nous.

Nostalgie

Pauvre Nostalgie, pourquoi viens-tu te mêler de ma vie?
Nostalgie, pourquoi je t'ai rencontrée dans ma vie?
Nostalgie, qu'as-tu fait de ma vie, de mon bonheur?
Nostalgie, pourquoi me fatigues-tu de cette façon?
Nostalgie, qu'est-ce que j'ai fait pour te mériter?
Nostalgie, nostalgie vas-tu t'en aller et me laisser tranquille?
Pauvre nostalgie, tu me fais chier enfin.

Le 8 Juillet 1990

La vie

La vie est vraiment drôle, pourquoi toutes ces difficultés?
Pourquoi la vie ne peut-elle être simple?
Seigneur Dieu, je te prie aide-moi à trouver le droit chemin
Fais que les choses s'arrangent enfin, est-ce que ma vie est dans le droit chemin
Ma vie est tellement plate que je me demande à la fin, pourquoi je vis
La nostalgie que je rencontre à chaque instant de ma vie me rend malade.

Ma dernière bataille

Ma dernière bataille, ce sera la fin, ce sera ma fin
Ma dernière bataille, ce sera mon anéantissement
Ma dernière bataille, ce sera de rejoindre mon Dieu
Je me battrai toujours pour ce que je crois juste.

Chapitre 10

Mon pays

Ma nostalgie pour mon pays, mes parents, mes amis, le peuple Haïtien
Ma nostalgie me rend malade, je me demande quand cela finira, quand?
Mon Dieu, dis quelque chose, quand est-ce que les tribulations cesseront, quand?
Je me demande et je continuerai à me demander, quand?
Mon Dieu, entends-tu mes gémissements, nous oublies-tu? Je ne puis le croire.

Le 10 Juillet 1990

Destin que fais-tu de moi

Destin que fais-tu de moi? Où m'emmènes-tu?
Destin, que deviendrais-je sans toi? Je ne vis que pour toi
Destin, que fais-tu de moi? Je n'attendais que toi
Destin, que fais-tu de moi? Pourtant, je t'ai rencontré hier
Destin, que veux-tu de moi? Que me réserves-tu?
Destin, ton approche était merveilleuse, pourquoi me fais-tu honte?
Destin, que me réserves-tu enfin, est-ce que c'est la vie, l'amour, le bonheur, la joie?
Destin, vas-tu me le dire enfin, est-ce que j'ai trouvé ce que j'ai tant cherché?
Destin, écris-moi, dis-moi ce que je dois attendre de toi, st que veux-tu de moi
Destin, est-ce que je dois te croire? Est-ce que tu m'abandonneras?
Destin, est-ce que je peux compter sur toi pour me protéger?
Destin, fais-moi vivre, je te crie tout haut et en même temps tout bas
Destin, ne m'abandonne pas, soutiens-moi, souviens-toi de moi
Destin, aime-moi, chérie-moi, caresse-moi, fais-moi perdre mon sens
Destin, je t'aime déjà, je t'aime et je t'aimerai pour toujours
Destin, ton approche m'a plu, ton intelligence m'a intriguée, ne me fais pas honte
Destin, je voudrais ta chaleur, tes yeux, tes lèvres, ton corps, ton amour, ta faiblesse, ta force
Destin, je voudrais que tu me donnes ta gentillesse à jamais, je veux tout de toi.

Aime-moi

Pourquoi moi, je t'aimais pourtant et toi tu ne m'aimais pas. Pourquoi?
Dieu de mes ancêtres, dis-moi si l'homme que tu m'as réservé existe?
Dieu de mes ancêtres, ma vie commence à peine, dis-moi si elle est déjà finie?
Dieu de mes ancêtres, dis-moi si l'amour existe vraiment?
Dieu de mes ancêtres, c'est la vie que je mérite?
Dieu de mes ancêtres, mon père, mon maître, dis-moi enfin ce que tu me réserves.

Destin

Destin, fais-moi enfin vivre, je compte sur toi, apporte-moi enfin le bonheur dont j'ai tant rêvé
Destin, ne me fais pas honte, j'ai besoin de toi pour grandir et vivre pleinement
Destin, apporte-moi la paix et la chaleur que j'ai tant souhaitées
Destin, apporte-moi enfin le bonheur que je n'ai jamais connu
Destin, je t'en prie ne me quitte pas, reste avec moi pour l'éternité
Destin, ne me quitte pas, aime-moi.

Le 27 août 1990

Mon Dieu mon créateur

Mon Dieu, mon créateur, montre-moi le chemin de la vérité
Mon Dieu, mon créateur, prend ma main, conduis-moi, choisis pour moi
Mon Dieu, mon créateur, aide-moi dans mes démarches, me donneras-tu ce que je désire?
Mon Dieu, mon créateur, me donneras-tu un vrai foyer, je voudrais que tu m'aimes?
Mon Dieu, mon créateur, dis-moi ce que la vie me réserve, ce que tu me réserves
Mon Dieu, mon créateur, je sais que tu me réserves ce qu'il y a de plus merveilleux au monde
Mon Dieu, mon créateur, je voudrais que l'homme que tu me réserves m'aime vraiment
Mon Dieu, mon créateur, je voudrais que tu le conduises dans ton église
Mon Dieu, mon créateur, je sais que tu fais ce qui te plait, alors ne m'abandonne pas
Mon Dieu, je ne veux plus rêver d'une vie que je ne pourrai avoir, j'ai besoin de savoir.

Chapitre 11

Le 1ᵉʳ Septembre 1990 à 1h20 du matin

Il m'aime, il ne m'aime pas

Mon Dieu, fais qu'il m'aime vraiment, j'ai tant rêvé d'un homme comme lui
Qu'il pense à moi, qu'il m'aime comme je suis, non pas ce que je représente
Qu'il m'aime avec tous mes défauts, mes qualités, et donne un sens à ma vie
Fais qu'il pense vraiment à moi, s'il te plait mon Dieu
Je voudrais qu'il m'aime vraiment, accorde-moi ce privilège
Aide-moi à trouver l'amour dont je rêve depuis ma tendre enfance
Fais qu'il m'aime et qu'avec lui je trouve le bonheur
Fais qu'il soit un bonheur éternel auquel tu consens toi-même.

Le 2 Septembre 1990 à 8h20 du matin

Dans tes bras

Dans tes bras, je me sens bien, c'est le rêve assuré
Dans tes bras, je me sens en sécurité, invincible
Dans tes bras, le monde n'existe plus
Dans tes bras, je n'ai d'yeux que pour toi
Dans tes bras, ma vie prend tout son sens
Dans tes bras, je suis heureuse
Dans tes bras, tu me fais sentir la joie de vivre
Dans tes bras, mon cœur est rempli de bonheur
Dans tes bras, je m'oublie complètement
Est-ce pour un moment ou bien pour la vie?
J'aimerais savoir, j'aimerais ne pas être déçue.

Je t'aime déjà

Je t'aime déjà, assez fort pour pouvoir te supporter
Je t'aime déjà, assez pour pouvoir enfin dire que j'ai rencontré ce que je cherchais
Je t'aime déjà, pour dire que j'ai rencontré l'homme de ma vie
Je t'aime déjà, pour pouvoir me reposer dans tes bras
Je t'aime déjà, pour me sentir aimer par toi
Je t'aime déjà, pour dire que tu es mon destin
Je t'aime déjà, pour pouvoir le crier tout haut
Mais si tu me quittes, ce sera la fin pour moi
J'ai toujours demandé à Dieu de me donner un mari idéal
Je ne sais pas encore ce que tu es pour moi
Mais j'aimerais que tu sois le mari que Dieu m'a réservé
Ne m'abandonne pas, reste avec moi
Tes yeux me disent que tu penses à moi
Tes yeux me disent que tu m'aimes
J'espère ne pas me tromper, ce serait trop dur.

Le 3 Septembre 1990 à 19h54

Tes yeux bleus

Tes yeux bleus teintés de vert me disent que tu penses à moi
Tes yeux bleus teintés de vert me disent que tu m'aimes, est-ce que c'est vrai?
Tes yeux bleus teintés de vert me font oublier qui je suis
Tes yeux bleus teintés de vert me disent que tu es mature
J'aime tes cheveux grisonnants, ils me disent que tu as vécu
Ils me disent que tu as de l'expérience
Tes cheveux grisonnants me rappellent le destin
Un destin que je me suis forgé, sans arrière-pensée, la tête baissée
Je n'aimerais pas être déçue, car je t'aime déjà
Je me suis attachée à toi sans réserve
Tes cheveux grisonnants me rappellent tant de choses
Si seulement tu savais ce que j'éprouve pour toi.

Chapitre 12

Maintenant

Maintenant, ma vie est entre tes mains, prends bien soin d'elle
Maintenant, fais de moi une femme, donne-moi l'amour tant désiré
Maintenant, fais de moi une femme et sois mon maitre
Maintenant, fais de moi une femme pour que je devienne ta maitresse
Maintenant, fais de moi une femme pour que nos chemins se rencontrent
Maintenant, fais de moi une femme pour toi, seulement toi, apprends-moi la vie
Maintenant, fais de moi une femme que tu dorlotes jours après jours
Maintenant, fais de moi une femme à tes côtés année après année
Maintenant, fais de moi une femme que jamais tu n'oublieras.

L'amour de ma vie

Amour de ma vie, est-ce que je te retrouve enfin?
Amour de ma vie, dis-moi si tu me rendras heureuse
Amour de ma vie, ne me fais pas honte
Amour de ma vie, écoute-moi et rends-moi un grand service
Amour de ma vie, fais que ce soit vrai et que je ne sois pas déçue.

Le 3 Septembre 1990 à 23h

Un nouvel amour

Un nouvel amour commence, c'est un nouveau départ
Une nouvelle vie fait son apparition, fais que ce soit vrai
Mon Dieu, mon créateur, mon univers, fais que ce soit réel
J'aimerais tellement croire en toi
J'aimerais tellement avoir confiance en toi
ir esJe désire que nous soyons ensemble pour toujours
Je t'aime déjà, je pense déjà à toi
C'est comme si on se connaissait pour toujours
J'ai tant rêvé de ta compréhension, ton amitié, et de ton amour
Mon Dieu, fais que ce soit vrai.

L'amour

Amour de ma vie, est-ce que je te retrouve enfin?
Dis-moi, me rendras-tu heureuse à jamais?
Dis-moi que tu te tiendras à mes côtes et tu ne me feras pas honte
Écoute mes lamentations et ne me déçois pas
Mon Dieu tout puissant, fais que ce soit vrai.

Le 4 Septembre 1990 à 20h15

Mon Dieu pourquoi

Pourquoi cela n'arrive-t-il qu'à moi?
Pourquoi je ne peux pas être vraiment heureuse?
Pourquoi je ne peux pas être aimée comme toutes les autres?
Pourquoi mon Dieu la vie me tracasse-t-elle ainsi? Pourquoi?
Pourquoi sale vie de merde me maltraites-tu ainsi. Pourquoi?
Pourquoi sale vie de merde ne me laisses-tu pas tranquille?

Chapitre 13

Vie de misère

Vie de misère, de chien traqué, quand me laisseras-tu en paix?
Vie de misère, à quand vas-tu enfin me laisser tranquille?
Vie de misère, pourquoi ne puis-je pas être heureuse comme toutes les autres?
Vie de misère, dis-moi car j'aimerais savoir, ne suis-je faite que pour souffrir?
Vie de misère, que tu es triste, mon existence est cruelle
Vie de misère tu me fais pitié, tu as pitié de moi
Vie de misère, suis-je née de la dernière pluie?
Vie de misère, pourquoi ma vie ne peut pas être stable?
Vie de misère, pourquoi dois-je toujours souffrir, pourquoi?
Vie de misère, pourquoi la vie me tourmente-t-elle ainsi?
Vie de misère, va-t'en, laisse-moi tranquille.

Laisse-moi

Laisse-moi tranquille sale vie de merde, va-t'en, va-t'en, laisse-moi en paix
Laisse-moi tranquille, donne-moi enfin ma vie, va-t'en, va-t'en
Laisse-moi tranquille, va-t'en avec toute ta misère
Laisse-moi tranquille, va-t'en avec toutes tes préoccupations
Laisse-moi tranquille, n'oublie pas, va te faire foutre
Laisse-moi tranquille, enfin laisse-moi tranquille.

André

André, mon petit André, mon petit blanc-bec, penses-tu a moi?
André, mon petit André, penses-tu que je t'aime?
André, mon petit André, eh bien tu te trompes
André, mon petit André, si c'est ce que tu penses
Je ne veux plus te revoir, ne m'appelle plus
Bon débarras pour tous, si je ne suis pas acceptée
Je peux toujours retourner chez moi
J'ai toujours un chez moi, merci mon Dieu
Avec le cœur gros, je me dirai c'est la vie

Positive - Négative

Positive, la vie est un cadeau, ce serait bien
Négative, ce ne sera pas la fin du monde
Mon petit ange blanc, penses-tu que je me donne à toi comme ça?
Penses-tu que je suis désespérée, que je m'abaisse devant toi pour ta putain de ville?
Eh bien tu te trompes, tu fais une grosse erreur, tu le regretteras
Je veux une vie, pas comme cela, je veux vivre une vie sans soucis
Je veux une vie que je pourrai enfin appeler bonheur, je pourrai dire enfin que je vis.

S'aimer

Aimer, c'est pour la vie, pas pour un moment
Aimer, c'est de se sentir aimée à son tour
Aimer, c'est du respect mutuel
Aimer, c'est s'occuper l'un de l'autre
Aimer, c'est être fidèle l'un à l'autre
Aimer, c'est avoir envie l'un de l'autre
Aimer, c'est dire adieu au plaisir sans l'autre
Aimer, c'est s'habituer l'un à l'autre
S'il n'y a plus d'amour entre nous, pourquoi être ensemble?
S'il n'y a plus d'amour entre nous, pourquoi perdre son temps?
S'il n'y a plus d'amour entre nous, pourquoi se dire je t'aime encore et encore?
S'il n'y a plus d'amour pourquoi finir par se marier?

Chapitre 14

Mon petit amour

Mon petit amour blanc aux yeux bleus teintés de vert
Mon petit amour blanc aux cheveux glissants et grisonnants
Mon petit amour blanc, je m'habitue déjà à toi
Mon petit amour blanc, je t'aime déjà
Mon petit amour blanc, je pense déjà à toi
Mon petit amour blanc, pourquoi me demandes-tu si je t'aime ?
Mon petit amour blanc, tu sais que l'amour vient sans nous avertir
Mon petit amour blanc, pourquoi tant de questions ?

Penses-tu

Penses-tu que je veux m'amuser avec toi?
Penses-tu que je mens quand je dis que je t'aime?
Penses-tu que je me trompe, que je suis folle?
Penses-tu que je ne pense pas à toi?
Penses-tu que je ne t'aime pas vraiment?
Penses-tu que je t'aime pour quelque chose?
Penses-tu que je suis compliquée?
Penses-tu que ma vie est solitaire et que j'ai besoin de toi?
Penses-tu que tu me redonnes espoir et courage de continuer à vivre?
Penses-tu que nous ne sommes faits pour être ensemble pour la vie?
Penses-tu, penses-tu?

Pourquoi me demandes-tu si je t'aime?

Pourquoi me demandes-tu si je t'aime? Pourquoi enfin?
Pourquoi me demandes-tu combien je t'aime?
Pourquoi tu compliques les choses?
Pourquoi tu ne veux pas comprendre?
J'aurais aimé te dire à haute voix que je t'aime
J'aurais aimé que tu me fasses confiance
J'aurais aimé que tu m'aimes comme je t'aime
J'aurais aimé te dire combien de projets j'ai pour notre vie ensemble
J'aurais voulu te dire qu'en toi je suis complète, sans toi je suis perdue
J'aurais aimé te dire ne m'abandonne pas, je t'aime
J'aurais aimé simplement te dire que je veux vivre à tes côtés pour toujours.

Tes yeux

Tes yeux me font oublier le temps, tes yeux de tendresse
Tes yeux me font perdre la tête sans réserve
Tes yeux me font oublier mon désir d'aventures
Tes yeux me font m'oublier moi-même
Tes yeux bleus teintés de vert me font voir l'océan
Tes yeux me font voyager dans le monde entier
Tes yeux sont si beaux qu'ils ressemblent à une fleur rare
Tes yeux me donnent envie de vivre pour l'éternité
Tes yeux ressemblent à l'amour que tu me procures
Tes yeux avec lesquels tu me regardes et dans lesquels je me perds
Tes yeux me font sentir le désir que tu as pour moi
Tes yeux dans lesquels je me vois à l'intérieur
Tes yeux, ma vie est entre tes mains.

Je me perds en toi

Je me perds en toi, j'aimerais te dire aime-moi
Je me perds en toi, prends-moi, fais ce que tu veux de moi
Je me perds en toi, je t'appartiens pour l'éternité
Je me perds en toi, mon corps et mon cœur t'appartiennent
Je me perds en toi, tout en moi te réclame et te désire
Je me perds en toi, j'espère t'aimer jusqu'à la fin.

Chapitre 15

Tes cheveux

Tes cheveux grisonnants sont beaux et brillants comme le cristal
Tes cheveux grisonnants me font penser au bonheur que tu m'apportes
Tes cheveux grisonnants que j'aime et j'admire de jours en jours
Tes cheveux grisonnants dont j'aime l'odeur de jasmin qui s'en échappe
Tes cheveux grisonnants que j'aime caresser avec mes doigts
Tes cheveux grisonnants que j'aime sentir sur ma peau
Tes cheveux grisonnants à qui j'ai envie de dire combien je les aime
Tes cheveux grisonnants que j'aime, oh! qu'ils sont beaux.

Le 4 Septembre 1990 à 21h50

Mon Dieu

Mon Dieu, mon créateur, fais qu'il m'aime vraiment
Mon Dieu, mon créateur, fais que ce soit vrai
Mon Dieu, mon créateur, fais qu'il pense à moi
Mon Dieu, mon créateur, fais qu'il représente mon univers
Mon Dieu, mon créateur, que me réserves-tu avec lui?

Le 6 Septembre 1990 à 22h15

Pourquoi?

Pourquoi tu ne m'appelles pas, tu ne penses pas à moi?
Pourquoi je t'appelle et tu ne réponds pas, m'as-tu déjà oubliée?
Pourquoi ne me parles-tu pas, as-tu décroché ton téléphone?
Pourquoi tu gardes le silence, ça ne te tente plus de me voir?
Pourquoi tu gardes tes distances, je t'ennuie déjà?
Pourquoi, je me demande ce que je t'ai fait?
Pourquoi mon Dieu me méprise-t-il ainsi?
Pourquoi? Je me sens si seule et dévastée. Pourquoi? Dis-le moi je t'en supplie
Pourquoi ne me réponds-tu pas, appelle-moi, parle-moi s'il-te-plait.

Le 7 Septembre 1990 à 17h30

Amitié

Avant, tu n'avais aucun intérêt pour moi et maintenant tu me dis que tu es mon ami
Tu me dis que tu es mon ami pour toujours, pourquoi maintenant?
Maintenant tu me dis que tu me donnes ton amitié sans limite, pourquoi?
Souviens-toi que je suis très contente de cette amitié, mais pourquoi maintenant?
Maintenant tu me dis que tu es mon ami et pourtant tu m'évites, pourquoi tu hésites?
Maintenant tu me dis que tu es mon ami, pourquoi as-tu peur de moi?
Maintenant, pourquoi tu t'éloignes de moi, c'est à cause de mon statut?
Mon statut te fait-il tant pitié au point que tu te caches quand tu me vois arriver
Je voudrais bien avoir ton amitié plus que tout au monde, malheureusement
Maintenant tu me fuis, je voudrais être fière de ton amitié, mais à quel prix me la donnes-tu?
Sincèrement, j'aimerais savoir pourquoi tu veux devenir mon ami, par pitié?
Sincèrement, j'accepte ton amitié de tout cœur, et sans réserve, mais je ne veux pas de ta pitié
Si c'est en raison de ma situation, sincèrement je ne veux pas de ta pitié
Sincèrement, tu peux garder ta sale amitié, je n'en veux pas. Je ne veux rien par pitié
Sincèrement, l'amitié pour moi est sacrée, l'amitié vaut plus que l'argent et l'amour.

Chapitre 16

Finalement

Finalement, les animaux sont vraiment les meilleurs amis, eux autres au moins ils sont fidèles

Ils vous aiment de tout cœur, de plus ils sont sincères, ils vous aiment jusqu'à la fin du temps

Toi, tu n'es qu'un homme, un homme qui a des désirs, comme tous les autres hommes qui existent

Pourquoi me dis-tu que tu es mon ami alors que ce n'est pas vrai, ce n'est que mensonge

Ton amitié, je n'en aurai pas besoin, ne t'en fais pas, je survivrai, ne t'en fais pas, je ne suis quand même pas au bord du désespoir.

Ma vie

Ma vie est dure, ma vie est triste, qu'as-tu fais de moi?
Pourquoi me tourmentes-tu ainsi, pourquoi me traites-tu de cette façon?
Pourquoi ne me laisses-tu pas en paix, que deviendrai-je? Que me réserves-tu?
Pourquoi vie de misère et de solitude, pourquoi? Vie de chien traqué, pourquoi?
Pourquoi vie de merde tu me tracasses comme ça, qu'est-ce que je t'ai fait?
Que me réserves-tu, que veux-tu de moi, vas-tu me laisser tranquille?
Va-t'en, laisse-moi tranquille, laisse-moi avec mes souffrances
Pourquoi ma douleur, ma solitude te concernent tant? Laisse-moi
Va-t'en, va-t'en et ne m'embête plus, va-t'en avec tous tes tourments
Laisse-moi vivre, laisse-moi, va-t'en et ne reviens plus.

Toi

Toi, un sourire, un regard, un geste, et je pense déjà à toi
Toi, un petit mot gentil, tu fais déjà partie de ma vie
Toi, avec ta démarche éloquente tu inondes ma vie d'un bonheur immense
Toi, que représentes-tu pour moi, le bonheur, l'amour, la douleur?
Toi, es-tu ma vie, mon malheur, dis-moi qui es-tu?
Toi, que représentes-tu pour moi, la souffrance ou le bonheur infini?
Toi, avec tes yeux bleus teintés de vert, tu me fais penser au ciel bleu
Toi, avec tes yeux bleus teintés de vert, tu inondes mon cœur de bonheur
Toi, avec tes yeux bleus teintés de vert, tu me combles d'un bonheur infini
Toi, avec tes cheveux grisonnants, tu me fais penser au père que je n'ai jamais eu
Toi, avec tes cheveux grisonnants, tu me fais oublier que le temps existe
Toi, avec tes cheveux grisonnants, je voudrais que tu m'aimes
Toi, avec tes cheveux grisonnants, caresse-moi jusqu'à la fin des temps
Toi, avec tes cheveux grisonnants, fais-moi l'amour comme pour la première fois
Toi, fais-moi l'amour comme une brute, ne t'arrête surtout pas
Toi, fais-moi oublier que le monde existe, s'il te plait aime-moi
Hey toi, ne me laisse pas tomber, aime-moi, redonne-moi confiance
Hey toi, fais-moi revivre la vie, le commencement de l'existence, comment pourrais-je t'oublier?
Hey toi, tu me redonnes du courage dans ce monde maudit
Hey toi, sais-tu que depuis ma tendre enfance ma vie n'est que tristesse
Hey toi, je souffre amèrement, j'ai besoin de toi dans ma vie.

Le 13 Septembre 1990 à 19h30

Souvenir

Souvenir, souvenir de ma vie, que fais-tu de moi, que me réserves-tu?
Souvenir, tu n'es déjà que souvenir, hey toi, tu es déjà mon passé
Souvenir, mes espoirs envolés en lambeaux, ma soif d'amour tarie
Souvenir, toi, tu fais déjà partie de mon passé
Souvenir, ta seule envie, c'est de me faire l'amour
Souvenir, tu t'en vas avec tes complications, je ne te regrette pas
Souvenir, je ne regrette rien, c'est la vie, elle continue
Souvenir, je fais mon chemin, je continue à vivre
Souvenir, je te dis « A Dieu », « A Dieu », sans rancune, aucune…

Chapitre 17

Je suis tannée de toi

Ma vie, je suis tannée de toi, pourquoi toutes ces complications?
Ma vie, je suis tannée de toi, pourquoi naitre, grandir, vivre, et enfin mourir?
Ma vie, je suis tannée de toi, pourquoi quitter toutes ces belles choses?
Ma vie, je suis tannée de toi, qu'est-ce que tu représentes?
Ma vie, je suis tannée de toi, je me demande pourquoi?
Ma vie, je suis tannée de toi, je ne finirai jamais de me demander pourquoi?

Mon Dieu de mes ancêtres

Dieu de mes ancêtres, toi seul as la clef du mystère de la vie
Dieu de mes ancêtres, protège-moi, aide-moi, ne me laisse pas tomber
Dieu de mes ancêtres, malgré toutes mes bêtises, pardonne-moi
Dieu de mes ancêtres, est-ce que ceci est mon destin?
Dieu de mes ancêtres, je t'en supplie, accorde ton pardon
Dieu de mes ancêtres, je sais que je ne mérite pas ton amour
Dieu de mes ancêtres, donne-moi ta grâce, accorde-moi encore une chance.

Nostalgie ma nostalgie

Nostalgie, ma nostalgie, je pense à toi encore une fois, que deviens-tu?
Nostalgie, ma nostalgie, je pense à toutes les belles choses que nous aurions pu faire ensemble
Nostalgie, ma nostalgie, où es-tu maintenant, que fais-tu maintenant, que deviens-tu?
Nostalgie, ma pauvre nostalgie, quel avenir me réserves-tu?
Nostalgie, ma pauvre nostalgie, où vas-tu, qu'espères-tu de moi?

Le 9 Octobre 1990

Doux amour

Doux amour qui vient hanter mes rêves
Doux amour, aimerais-tu que je sois à toi pour la vie?
Doux amour, m'aimerais-tu juste pour passer un moment dans mes bras?
Doux amour, ivresse de ma putain vie, vie de merde, me feras-tu honte
Doux amour, en un moment où j'aurai le plus grand besoin de toi
Doux amour, le chant que mon cœur fredonne pour que ma vie ait un sens
Doux amour, mon désir est que quelqu'un m'aime comme je suis
Doux amour, océan immense qui tendrement vient inonder mon cœur de sa douce vague
Doux amour, reviendras-tu me faire revivre des moments inoubliables?
Doux amour, je ne pense qu'à toi mon petit cœur
Doux amour, je voudrais entendre ta tendre voix encore une fois
Doux amour, tendrement, fais-moi oublier le temps
Doux amour, ensemble arriverons-nous à une solution?
Doux amour, émerge de mon rêve sans fin, entendrais-je la phrase « je t'aime »?
Doux amour, entendrais-je le mot « je t'aime, je ne t'oublierai jamais »?

Chapitre 18

Le 10 Octobre 1990

Minuit

Minuit, je n'arrête pas de penser à toi, alors je t'écris
Minuit, je n'arrête pas de penser à toi, alors je t'appelle
Minuit, je n'arrête pas de penser à toi, tu es ma vie
Minuit, je n'arrête pas de penser à toi, tu es mon amour
Minuit, je n'arrête pas de penser à toi, au moment de nos plus beaux sermons d'amour
Minuit, je n'arrête pas de penser à toi, ton image me hante de manière inconditionnelle
Minuit, je n'arrête pas de penser à toi, je me demande ce que tu fais
Minuit, je n'arrête pas de penser à toi, penses-tu encore à moi?
Minuit, je n'arrête pas de penser à toi, te souviens-tu de moi dans ton royaume?
Minuit, je n'arrête pas de penser à toi, ton cœur bat-il en entendant ma voix?
Minuit, je n'arrête pas de penser à toi, ma vie est à toi si tu la veux bien
Minuit, je n'arrête pas de penser à toi, que feras-tu encore de moi?

Le 11 Octobre 1990

Te souviens-tu

Te souviens-tu du quatorze septembre, cela va faire déjà un mois?
Te souviens-tu, cela va faire déjà un mois que je t'ai dit « oui »?
Te souviens-tu que j'ai dit oui à ton amour et que c'était merveilleux?
Te souviens-tu que c'était le jour le plus important de notre putain de vie?
Te souviens-tu que j'espère que notre amour durera jusqu'à la fin de notre vie?
Te souviens-tu que c'était tellement beau, que finalement notre vie prend un sens?
Te souviens-tu qu'à tes côtés, je me sentais bien, je ne voudrais être nulle part ailleurs?
Te souviens-tu qu'à tes côtés, je me sentais aimée et en sécurité dans tes bras?
Te souviens-tu que je me suis dit qu'enfin, j'ai trouvé l'homme de ma vie?
Te souviens-tu que j'ai murmuré dans tes oreilles, « je t'aime infiniment »?

Le 27 Octobre 1190

Seule dans mon coin

Seule dans mon coin, je pense à toi
Seule dans mon coin, je me demande ce que tu fais
Seule dans mon coin, j'ai besoin de toi
Seule dans mon coin, que fais-tu de mon amour pour toi?
Seule dans mon coin, penses-tu encore à moi, m'aimes-tu vraiment?
Seule dans mon coin, je me demande si tu m'aimes vraiment comme tu le dis
Seule dans mon coin, je me demande si ce sont des mots d'occasion ou pour toujours
Seule dans mon coin, je me demande si ce sont des mots sans aucune importance
Seule dans ma putain vie depuis ma tendre enfance
Seule dans ma putain vie, sur qui pourrais-je compter?
Seule dans ma putain vie, Dieu de mes ancêtres j'implore ta grande miséricorde
Seule dans ma putain vie, Dieu de lumière aide-moi, ne me laisse pas tomber
Seule dans ma putain vie, Dieu de mes ancêtres protège-moi, guide mes pas vers ta maison
Seule dans ma putain vie, mon avenir est entre tes mains car toi seul connais mon avenir
Seule dans ma putain vie, tu es le Dieu des Dieux, le Dieu de miséricorde, omni puissant
Seule dans ma putain vie, Dieu omniprésent, j'ai confiance tu me délivras de mes chaines.

Le 28 Octobre 1990 à 14h55

Vis ta vie

Vis ta vie, ne me dis pas que tu m'aimes alors que tu me traites de cette façon
Vis ta vie et laisse-moi tranquille, laisse-moi vivre la mienne
Vis ta vie, pour moi tu ne comptes plus, va jouer ailleurs
Vis ta vie, car tu n'es qu'un enfant, pourquoi m'as-tu menti sans aucune raison valable?
Pourquoi, pourquoi m'as-tu invitée au cinéma et n'as-tu pas tenu ta promesse?
Pourquoi je ne t'ai pas demandé de m'inviter, j'étais bien sans toi
Parce que tu es encore un enfant, tu n'as pas de personnalité
Pourquoi tu m'as dit que tu viendrais me voir et tu n'es jamais venu, pourtant tu n'étais pas obligé
Pourquoi m'as-tu menti si effrontément, pourquoi? Pourquoi?
Pourtant tu as été si gentil, si différent, pourquoi m'as-tu menti? Cela n'a pas de sens
Pourquoi, est-ce que cela t'apporte de la gloire, pourquoi?

Le 2 Novembre 1990

J'en ai marre

J'en ai marre de ma vie, cette vie de misère que tu m'as offerte
J'ai envie de mettre fin à mes jours, que dois-je attendre de toi
Je t'aime, je n'osais pas te l'avouer de peur que tu ne ris de moi
J'ai peur de montrer que je suis tombée amoureuse d'un enfant
J'ai peur de ce que tu penserais si je te le disais, et que tu te moques de moi
J'ai peur d'un échec, que me réserves-tu, toi mon nouvel amour?
Je me demande si tu m'aimes vraiment comme tu me le dis
Je me demande, penses-tu à moi en ce moment, ma vie que vais-je devenir?
Mon Dieu, mon créateur dis quelque chose s'il-te-plait.

Chapitre 19

Je pense à toi

Je pense à toi, mais de tout mon cœur je te dis merde
Je pense à toi, mais tu m'as trahie, de tout mon cœur, je te dis encore merde
Je pense à toi, mais tu ne m'as jamais aimée, je te dis encore mange la merde
Je pense à toi, mais qui es-tu, je ne cesserai pas de te dire va te faire foutre
Je pense à toi, mais pour qui tu te prends de me traiter de la sorte, je m'en fous de toi
Je pense à toi, mais pourquoi m'as-tu menti si amèrement, je te déteste encore plus
Je pense à toi, mais il fallait en arriver là, je ne te ferai plus jamais confiance
Je pense à toi, mais je te dis de tout mon cœur encore une fois merde.

Je t'aime

Je t'aime, je ne veux pas te gâcher la vie, car tu as beaucoup à apprendre
Je t'aime, mais tu n'es qu'un enfant et ta vie vient de commencer
Je t'aime, mais ma vie est finie, il ne me reste plus d'espoir
Je t'aime, mais je me sens vieille, trop vieille pour mon âge
Dire que j'ai seulement vingt et un ans, tu ne me croirais pas
Ma vie, ma putain vie, qu'ai-je fais pour te mériter
Que deviendrais-je mon Dieu? Envoie-moi ta paix
Envoie-moi l'amour que tu me réserves.

Je suis née

Je suis née dans un pays plein de problèmes, de misères
Je suis née dans un monde plein de différences, de méchancetés, de souffrances
Je suis née dans un monde plein d'égoïstes, de préjudices et d'hypocrites, sans foi ni loi
Je suis née dans un monde que mon passage sur cette terre maudite ne veut rien dire
Je suis née dans un monde que je ne connais pas, je me demande ce que je fais ici-bas
Je suis née dans un monde qui me donne envie de retourner dans mon pays
Je suis née dans un monde qui est tellement bouleversé que j'ai envie d'avoir ma paix
Mon Dieu prend-moi, ôte-moi de cette maudite vie, j'implore ta miséricorde.

Solitude

Solitude, je mène une vie de solitude, une vie de chien errant, une vie qui ne veut pas me laisser
Solitude, je mène une vie sans espoir, mon Dieu dis-moi que je suis née pour cela
Solitude, te souviens-tu ta promesse de paix, pourquoi ne pourrais-je pas être comme tout le monde?
Solitude, te rappelles-tu que tu m'as promis une vie heureuse, pourquoi suis-je solitaire?
Solitude, je pense à la vie que j'ai eue, sans un père pour me cajoler, me protéger
Sans une mère qui m'aime, qui me protège, qui lutte pour moi, une mère qui a déjà souffert, qui porte déjà le poids de la vie, sans une mère et un père qui m'ont protégée étant enfant
Solitude, je pense à ma vie sans amour, une mère qui ne me montre aucun amour, qu'elle n'a jamais eu elle-même, une mère qui ne peut pas se protéger elle-même, une mère qui ne peut pas me donner tout ce que je désire, se bat pour survivre, une mère qui me donne son amour à sa façon. Je me sens une étrangère dans mon propre pays, une famille qui ne veut pas de moi. Je suis toujours seule depuis ma tendre enfance de misère.
Pourtant j'aimerais que quelqu'un m'aime, que quelqu'un me montre que suis importante
Pourtant j'aimerais faire confiance à quelqu'un, mais je ne peux pas.

Le 7 Novembre 1990

𝓡encontre

Je t'ai rencontré le 4 août, je pensais que tu étais romantique
Je trouvais que c'était trop brusque, pourtant il parait que tu es sentimental
J'ignorais jusqu'au dimanche 4 novembre tu m'as montré ta vraie nature
J'espérais que tu me réserves de belles surprises et j'en aurais été très heureuse, je me trompais
J'espérais faire ma dernière expérience avec toi, ma vie aurait été remplie de bonheur
Pourtant, j'espérais ne pas me tromper, ce serait trop dur, vraiment dur de penser à une fin
Je commençais à m'habituer à ta douce voix, aussi charmante que je veux l'entendre à jamais
Je commençais à avoir l'impression que je ne pourrai plus me passer de toi pour plus une seconde
Je continuais de penser à toi comme à quelqu'un qui m'est très cher, repenseras-tu à mes attentes?
Je voudrais savoir si tu repenseras à mes désirs, pourrai-je compter sur toi pour toujours?
Pourras-tu m'aimer comme je le mérite? Pourrai-je te faire confiance de tout cœur?
Pourrai-je te donner mon cœur à jamais? Et m'aimeras-tu en retour aussi fort que je t'aime
Pourras-tu répondre à toutes mes attentes? Je le souhaite de tout mon cœur.

Chapitre 20

Le 1er Février 1991 à 23h45

Pleurer

Pleurer, pleurer, à quoi bon pleurer, que m'apportent les larmes?

Pleurer, pleurer, les larmes de crocodile n'amènent rien, des larmes de découragement

Pleurer, pleurer, pour exprimer les ressentiments de ma chienne de vie

Pleurer, pleurer, à quoi bon les larmes, de quoi te mêles-tu? La vie est la vie

Pleurer, pleurer, à quoi bon les larmes, cela ne sert vraiment à rien

Pleurer, pleurer, à quoi bon les larmes, cela ne te ramène pas la vie que tu as perdue

Pleurer, pleurer, à quoi bon les larmes, elles n'apportent que du profond désespoir

Pleurer, pleurer, à quoi bon les larmes de crocodile que tu verses sans aucun remords

Pleurer, pleurer, à quoi bon les larmes de pitié, tout le monde s'en fout de toi.

Le 6 Février 1991

Vivre

Vivre, vivre, à quoi bon vivre sans savoir si demain sera encore là
Vivre, vivre, à quoi bon vivre si l'on n'a pas d'amour, personne qui nous aime
Vivre, vivre, à quoi bon survivre si l'on n'a personne sur qui compter dans la vie
Vivre, vivre, pourquoi la vie, pourquoi l'existence? Cette façon de vivre me tue
Vivre, vivre, pourquoi me tourmentes-tu ainsi, pourquoi cette vie de merde?
Vivre, vivre, pourquoi ne me laisses-tu pas tranquille enfin?

Mon Dieu pourquoi?

Mon Dieu, pourquoi tout est contre moi, est-ce mon destin?
Mon Dieu, pourquoi vivre dans ce monde maudit et sans espoir?
Mon Dieu, pourquoi Seigneur ne m'ôtes-tu pas la vie, pourquoi?
Mon Dieu, pourquoi je vis, en quel honneur?
Mon Dieu, pourquoi je ne mérite même pas ta grâce?
Mon Dieu, pourquoi tout le monde veut me commander? pourquoi?
Mon Dieu, j'en ai marre de tout, marre de toute cette vie de merde
Mon Dieu, pourquoi je mendie mon existence dans un monde si hypocrite?
Mon Dieu, pourquoi je vis dans un monde sans pitié, sans foi, ni loi?
Mon Dieu, pourquoi ne m'ôtes-tu pas la vie s'il-te-plait? Prends-moi avec toi
Ce soir même, j'ai trop souffert.

Mère

Mère, mère, vois-tu quelle misère j'endure dans ce monde fou
Mère, pensais-tu à moi, quand tu m'as mise au monde, pensais-tu à mon avenir
Mère, tu as su m'élever mais tu ne m'as pas appris le bonheur
Mère, tu ne m'as pas appris à ne pas faire confiance, tu ne m'as pas donné d'importance
Mère, tu ne m'as pas appris la vraie vie, à me méfier des menteurs et des manipulateurs
Mère, vois-tu ce que j'endure ici loin de toi, loin de mon pays natal, loin de tout et tous
Mère, mère, aide-moi, puis-je encore me battre dans cette vie ingrate, hypocrite et sans pitié
Mère, vois-tu quelle souffrance j'endure, je ne connaitrai jamais le vrai bonheur
Mère, je souffre depuis ma naissance, je connais l'horreur depuis le jour où je suis née
Mère, pourquoi m'as-tu mise au monde, dans ce monde maudit et égoïste?
Mère, mère, pourrais-tu voir ce que j'endure et me comprendre?
Mère, tu ne m'as jamais comprise, pourras-tu le faire quand je serai morte?
Mère, dis-moi que ma vie n'a aucun sens, quel gâchis, quelle tristesse?
Mère, ma vie de misère, de bamboche, je suis pourrie par le système de ce monde maudit
Mère, vois-tu ce que j'endure dans la vie d'aujourd'hui, si tu m'avais appris l'amour, si tu m'avais appris à m'aimer, j'aurais su comment me défendre dans ce monde, j'aurais su pourquoi je vis et pourquoi je suis dans ce monde aujourd'hui, je pourrais vivre une meilleure vie
Mère, pourquoi m'as-tu mise dans ce monde sans vergogne, penses-tu mère à tout cela?
Mère, penses-tu que tu faisais une bonne action? Là où j'étais, je me sentais pourtant bien
Mère, mère, pourquoi m'as-tu mise dans ce monde maudit, ce monde égoïste, pourquoi?

Ma vie solitaire

Ma vie solitaire, de chienne errante, suis-je condamnée à vivre toute seule
Ma vie solitaire, pourquoi je me sens toute seule dans ma putain vie?
Ma vie solitaire, je te demande pourquoi les autres ont tant de bonheur et pas moi
Ma vie solitaire, pourquoi ma vie, pourquoi je suis née dans ce pays maudit?
Ma vie solitaire, pourquoi je suis ici-bas, quelle faute, quel crime aurais-je commis?
Ma vie solitaire je te demande pardon, Seigneur pardonne-moi mes iniquités
Ma vie solitaire accepte-moi dans ton monde, supporte-moi sur ton épaule
Fais-moi etroeretrouver enfin le confort.

Chapitre 21

Le jour de ma mort

Le jour de ma mort, quand vas-tu enfin arriver?
Le jour de ma mort, quand aurai-je enfin la paix?
Le jour de ma mort, quand arriveras-tu enfin?
Le jour de ma mort, j'aimerais que tu viennes maintenant et je pourrai alors dire
Adieu à mes amis, adieu à mes parents, adieu à tout le monde, adieu à tous
Adieu à ceux que j'ai connus et ceux que je n'aurai jamais connus, adieu
Adieu à ce monde pourri, adieu à la misère, adieu à moi-même, adieu enfin adieu.

Le 1er Mars 1991

Toi

Toi qui disais que tu m'aimais, dis-moi si c'était la vérité
Toi qui disais qu'on était fait pour vivre ensemble, est-ce que tu me mentais?
Toi qui disais ne pas pouvoir te passer de moi, est-ce que c'était vrai?
Toi oui, est-ce que tu étais vraiment réel? L'avais-tu vraiment pensé, pourquoi?
Toi aujourd'hui d'un coup de tête, d'un coup de folie, tu décides de me quitter, pourtant
Toi pourtant, tu me disais qu'on était plus faits pour vivre ensemble, qu'est ce qui a changé?
Toi avec tous les problèmes que tu m'as apportés, je pensais que c'était normal dans la vie
Toi qui me disais que les problèmes que nous confrontons font partie de l'amour que nous éprouvons
Toi, m'as-tu vraiment compris, as-tu fais l'effort de me comprendre, de me respecter?
Toi, si tu avais au moins fait un effort, nous n'en serions pas arrivés là tous les deux
Toi, avant tu n'étais rien, maintenant tu penses que tu représentes quelque chose
Toi, aujourd'hui tu décides de me rejeter, qui penses-tu être?

Avant

Avant tu étais gentil, doux, était-ce pour m'attirer dans ta nasse?
Avant tu étais gentil, doux, qu'est-il advenu de toi? Tu as changé, pourquoi?
Avant tu étais gentil, doux, maintenant tu deviens sauvage, dis-moi pourquoi?
Avant tu étais gentil, doux, je n'arrive pas à y croire, après tout tu n'es qu'un homme
Avant tu étais gentil, doux, je commence à regretter d'avoir fait tout ce chemin avec toi
Avant tu étais gentil, doux, je devrais peut-être pour une fois écouter mon instinct de femme
Avant tu étais gentil, doux, je n'aurais jamais dû penser vivre avec toi et me laisser traiter de la sorte
Avant tu étais gentil, doux, méchant que tu es, est-ce que Dieu est dans ton cœur?
Avant tu étais gentil, doux, est-ce que tu as voulu qu'on ne soit plus ensemble, je ne pense pas
Avant tu étais gentil, doux, mon Dieu mon créateur dis-moi cela vient-il de toi?
Avant tu étais gentil, doux, je t'ai accepté comme tu étais, sans rien, et pourtant je t'ai aimé
Avant je t'aimais, je pensais qu'on finirait par passer toute notre vie ensemble.

Quel gâchis

Quel gâchis, naïve que je suis, après tout tu n'es qu'un homme
Un homme égoïste, vaniteux, sans vergogne, qui ne pense qu'à une chose
Où me conduis-tu? Où vas-tu dans ce monde? Je ne peux pas le croire
Je ne peux pas te retenir pour toujours, tu as le choix de t'en aller et m'oublier
Mais ma vie est vide sans toi, que pourrais-je faire sans toi?
Quand pourrai-je me libérer du chagrin que tu m'as apporté?
Moi qui pensais que tu m'aimais, je croyais que notre choix était final
Peut-être j'ai exagéré, mais cela ne veut pas dire que je ne t'aimais pas
Cela ne veut pas dire que je ne pensais pas à te rendre heureux tous les jours de notre vie
Plus que tout au monde, je voudrais savoir ce que je dois faire. Tu m'abandonnes
C'est la vie, on ne peut rien y changer, maintenant va-t'en, je ne te retiens plus
Par ton arrogance acquise, par ton égoïsme, tu décides de me quitter, ainsi soit-il
Est-ce que tu as fait le bon choix, je suis contente pour toi, c'est ce que tu veux
Je m'en vais, j'espère que tu as fait le bon choix et que tu seras heureux pour l'éternité.

Ton choix

J'espère que tu as fait le bon choix de vie
Je le sais bien, jamais tu ne trouveras une femme comme moi
Je me suis oubliée, je me suis consacrée à toi et je t'aimais malgré tout
Je t'aimais, je pensais que tu m'aimais, tu n'étais rien, tu n'avais rien
Sans moi tu n'es rien, sans moi tu ne seras jamais rien et oui sans moi
Tu redeviendras rien, comme tu étais quand je t'ai ramassé, sans rien
Maintenant tu te sens comme un grand pour me quitter, c'est ma récompense
Après tout ce que j'ai fait pour toi, tout ce que j'ai sacrifié pour toi
Je suis obligée de l'accepter, de m'en aller et toi tu gardes tout
Mais est-ce que ton cœur approuve la décision que tu as prise
Pourquoi n'as-tu pas pensé à nous deux, égoïste que tu es.

Chapitre 22

Le 7 Décembre 1995 à 1h10 du matin

Itinérant

Ma maison c'est mon manteau, je demande un sou par ci et par là pour vivre
Mon ventre est creux, je meurs de faim, je dors dans la rue, dans le métro
Je dors n'importe où, chez des amis, j'en ai plein dans les bons moments
Mon chauffage c'est une bouche d'égout, envahie de rats
Ma maison, c'est mon manteau, un trois quarts à peine doublé
J'ai froid jusqu'aux os, c'est l'hiver après tout
Pourtant je suis l'homme le plus heureux du monde
J'ai déjà connu la pauvreté de la richesse
Le seul conseil que je vous donne, contentez-vous du peu que vous avez
Et vous serez heureux, ma maison c'est mon manteau, un trois quarts double
Je suis l'homme le plus riche au monde.

Le 27 Avril 1995 à 4h du matin

Déjà

Déjà quand j'avais 20 ans je me sentais comme une vieille de 90 ans, et maintenant
Maintenant, j'ai 25 ans et je me sens encore plus vieille, les années ont passé si vite
Déjà les années ont laissé leur marque, O jeunesse, folle jeunesse qu'as-tu fait de moi
Déjà l'eau a coulé sous les ponts, ma vie n'est que mystère, c'est injuste
Déjà la misère hante encore mes jours, qu'est-ce que j'ai fait pour te mériter ?
Déjà j'ai demandé au grand Dieu de venir à mon secours, mais il me semble qu'il ne m'a pas entendue
Déjà je me demande quand mes prières seront exaucées.

Le jour de notre rencontre

Le jour de notre rencontre l'été 1992, je souhaite qu'il n'ait jamais existé
Le jour de notre rencontre, je le maudis à jamais, si seulement j'avais su
Le jour de notre rencontre, ma vie a changé à jamais, tu l'as changée pour le pire
Le jour de notre rencontre, je voudrais l'effacer à jamais de l'histoire de ma vie
Le jour de notre rencontre, j'ai fait l'erreur d'être trop gentille et de te laisser m'approcher
Le jour de notre rencontre, j'ai fait l'erreur de te laisser t'asseoir à mes côtés
Le jour de notre rencontre, j'aurais aimé avoir décelé la méchanceté qui vit dans ton cœur
Le jour de notre rencontre, j'aurais aimé savoir les tribulations que tu m'apporterais dans cette vie de merde et m'enfuir à jamais.

Auteure
Judith Juste